MOSCOU

2014

ЯРКИЙ ГОРОД

Textes : Tatiana Vichnevskaïa

Traduit du russe par Seraphima Vassilieva

Photographies : Alexandre Zakhartchenko,

Sergueï Zakhartchenko, Nikolaï Rakhmanov

Edition : Evgueni Andreïev, Natalia Morozova

Présentation : Alexandre Rodionov

Mise en pages : Meta Leif

Direction technique : Piotr Krakovski

Correction des couleurs : Lioubov Bogdanova,

Inna Zezegova, Tatiana Tchernychenko

ISBN 5-9663-0061-5

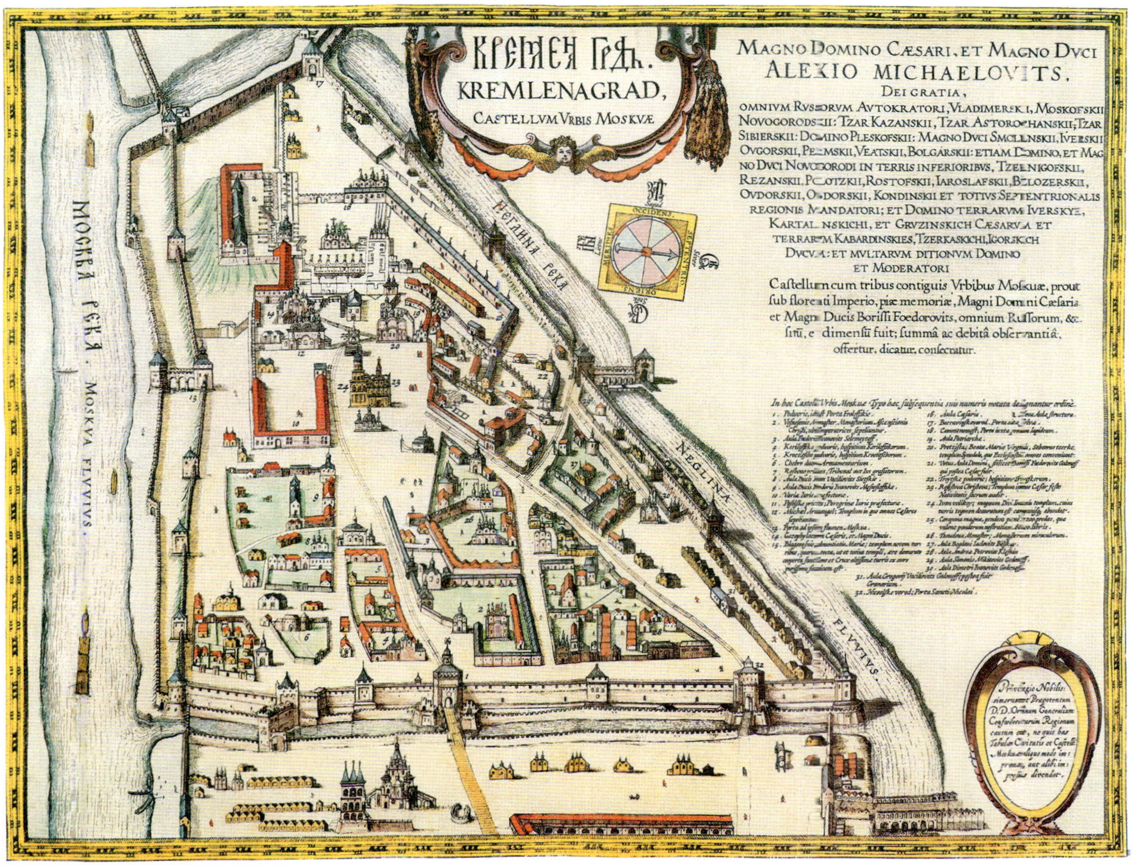

Plan du Kremlin de Moscou. Début des années 1600

« Quiconque a visité Moscou connaît la Russie », écrivait le célèbre historien russe Nikolaï Karamzine. Effectivement, Moscou, ville merveilleus, ville aux innombrables coupoles dorées, le cœur de la Russie, a toujours été le symbole de l'Etat russe, porteuse de l'esprit national.

En 2007 Moscou célèbrera son 860e anniversaire. On en trouve la première mention dans les chroniques le 4 avril 1147, jour où Youri Dolgorouki, prince de Vladimir et Souzdal, a donné dans son domaine patrimonial de Moskova un festin en l'honneur de son compagnon d'armes, le prince de Novgorod-Severski Sviatoslav. En 1328, le prince de Moscou Ivan Kalita obtient du khan tatar Ouzbek le titre de grand-prince de Russie, et c'est depuis ce moment que commence l'histoire de Moscou en tant que capitale de l'Etat russe. Vers la fin du XVe siècle, Moscou est le centre politique, spirituel et administratif de la Russie, la résidence des tsars et le siège du pouvoir religieux. Au début du XVIIIe siècle, lorsque Pierre le Grand fait construire sur les bords de la Baltique sa nouvelle capitale, Saint-Pétersbourg, Moscou, bien que privée de son statut, gardera pourtant son importance spirituelle, économique et culturelle. En 1918, la ville devient la capitale du nouvel Etat soviétique. Aujourd'hui, Moscou est la capitale de la Fédération de Russie, la cinquième du monde par sa population qui s'élève à neuf millions habitants.

LE KREMLIN

Comme toute cité moyenâgeuse, Moscou commence par une forteresse. Le Kremlin de Moscou, qui se dresse en plein centre de la capitale, au sommet de la colline Borovitski, sur la rive gauche de la Moskova, constitue l'un des ensembles architecturaux les plus impressionnants du monde. Ayant plus d'une fois changé d'aspect au cours des siècles, il a considérablement élargi son territoire, devenant de plus en plus puissant et beau.

Les vestiges des premiers campements qui ont été découverts sur le territoire du Kremlin par les archéologues, datent du 2e millénaire avant Jésus-Christ. En 1145, la petite bourgade qui ne s'étendait alors que sur 1,5 hectare à l'extrémité sud-ouest de la colline, se voit entourée d'une palissade et renforcée par un remblai de terre vers 1156. A la même époque, une place du marché — prototype de l'actuelle place Rouge — se forme à l'est de la forteresse, protégée par ses murs. La première enceinte en pierre blanche construite sur ordre du prince Dimitri Donskoï date de 1367. Dans la seconde moitié du XVe siècle, Ivan III entreprend la reconstruction totale du Kremlin dont les murs tombent vers cette époque de

vétusté. Le grand-prince invite à cette fin un groupe d'architectes italiens : Antonio Gilardi, Marco Ruffo, Pietro Antonio Solari et Aloisio da Carcano avec Aristote Fioravanti à la tête. La forteresse qu'ils construisent entre 1485 et 1495 selon les dernières exigences de l'art de fortification, nous est parvenue sous son aspect original, à quelques modifications insignifiantes près.

La longueur totale des murs du Kremlin constitue 2 235 mètres, l'épaisseur et la hauteur variant respectivement de 3,5 à 6,5 mètres et de 5 à 19 mètres. Les murailles qui forment un triangle irrégulier, suivant le contour de la colline Borovitski, sont flanquées de vingt tours dont six sont percées de portes. C'est la tour dessus-de-porte Taïnitskaïa (du Secret), reliée par un passage souterrain au bord de la Moskova, que l'on érige la première, en 1485. Après la tour Taïnitskaïa, on construit, aux années 1485–1488, deux tours d'angle — Vodovzvodnaïa (Château d'eau) et Beklemichevskaïa — achevant ainsi la construction de la muraille sud longeant la rivière. Recouvertes initialement de planches (tout comme le chemin de ronde qui passait au sommet des fortifications), les tours du Kremlin,

Giacomo Quarenghi. ***Panorama du Kremlin de Moscou.*** **1797**

à l'exception de la tour Nikolskaïa (Saint-Nicolas), reçoivent, au XVIIe siècle, leurs toits pyramidaux actuels, d'un effet très décoratif. Aux années 1935–1937, on remplace les aigles bichéphales en cuivre qui ont jusque-là couronné les tours Spasskaïa, Nikolskaïa, Troïtskaïa, Borovitskaïa et Vodovzvodnaïa, par des étoiles à cinq branches en verre de rubis.

Les noms des tours du Kremlin remontent aux époques les plus reculées de la Russie Ancienne. Ainsi, la tour Nabatnaïa (du Tocsin), érigée en 1495, doit

Le Kremlin et le Grand pont de Pierre

son appellation à la cloche installée à son étage supérieur qui avertissait les Moscovites du danger. Quant à la tour Borovitskaïa, son nom évoque la pinède (en russe, *bor*) qui recouvrait jadis la colline du Kremlin . La tour Constantin-et-Hélène, baptisée du nom de l'église qui se trouvait autrefois à côté, se dresse sur l'emplacement de la porte par laquelle, en 1380, l'armée de Dimitri Donskoï est sortie du Kremlin pour se rendre au champ de Koulikovo où elle a remporté une brillante victoire sur les hordes du khan Mamaï.

La tour Troïtskaïa (de la Trinité), érigée en 1490 par Aloisio da Carcano, est la plus élevée des tours du Kremlin. Haute de 80 mètres, elle a six étages, ainsi que deux niveaux souterrains utilisés tout d'abord pour la défense et transformés plus tard en prison. On accède à la tour par un pont de pierre orné de créneaux dont l'entrée est marquée par une sorte de fortin avancé, unique construction de ce genre qui se soit conservée des fortifications originales. Cette tour trapue, de plan arrondi, haute de 13,5 mètres, couronnée elle aussi de créneaux, porte le nom de Koutafia, ce mot signifiant en russe « femme balourde et malpropre ».

Les tours Constantin-et-Hélène, du Tocsin et du Sauveur. Années 1490
Architecte Pietro Antonio Solari. Toits pyramidaux du XVIIe siècle

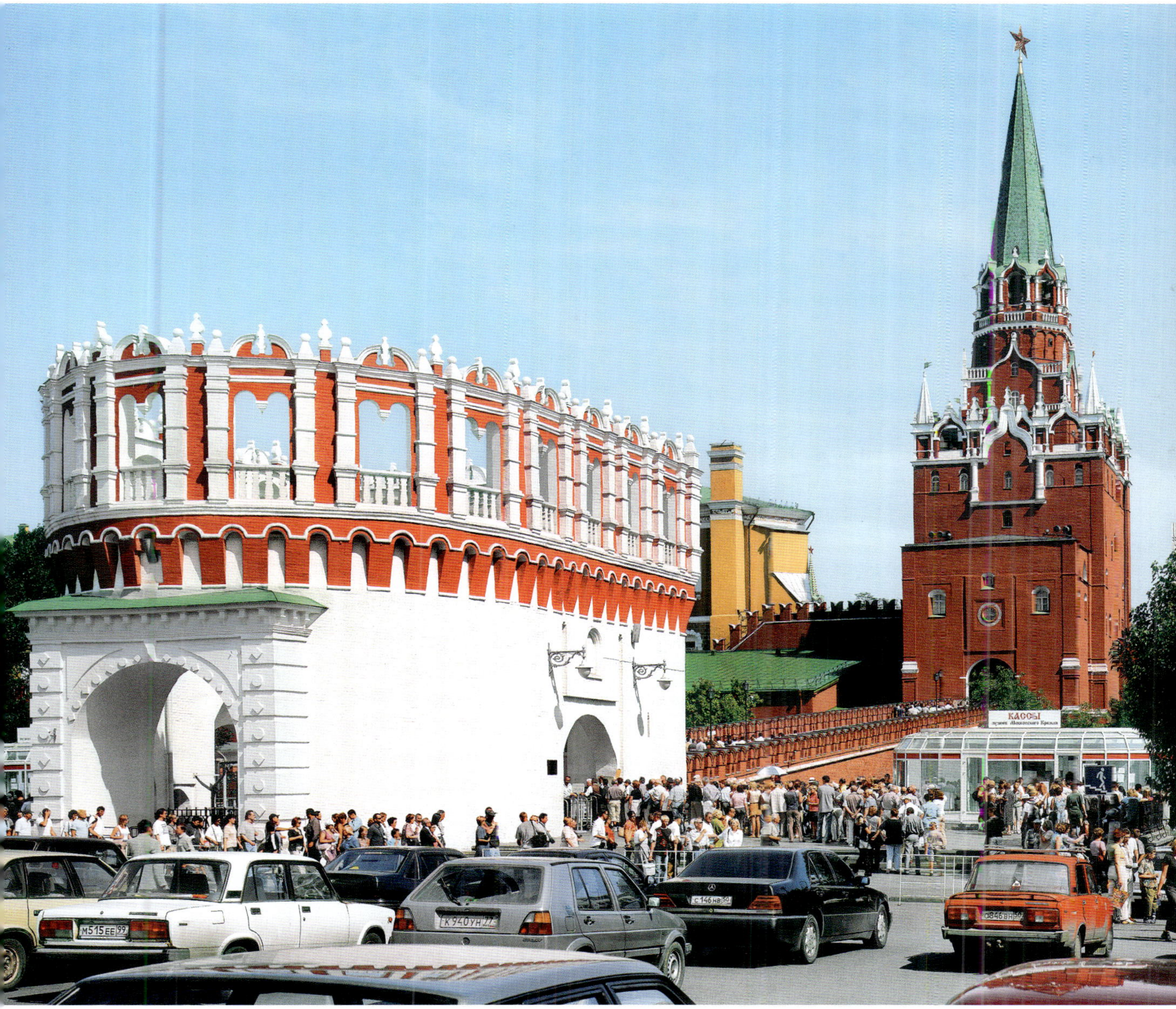

Les tours Koutafia (1516) et de la Trinité (1495). Architecte Aloisio da Carcano

La tour du Sauveur. 1491, architecte Pietro Antonio Solari 1624–1625, architecte Bajène Ogourtsov

La tour Spasskaïa (du Sauveur), érigée en 1491 par l'architecte milanais Pietro Antonio Solari, est percée d'une porte qui constitue, comme autrefois, l'entrée principale du Kremlin. La tour doit son nom à l'icône du Sauveur placée au-dessus de la porte du côté du Kremlin. Haute de 71 mètres, elle a dix étages qui ont été recouverts, aux années 1624–1625, d'un toit pyramidal par l'architecte russe Bajène Ogourtsov. La première horloge à carillon a été installée sur la tour dans la seconde moitié du XVIe siècle. Celle que nous voyons aujourd'hui — la quatrième — date de 1770. La porte du Sauveur était autrefois considérée comme la porte sainte par laquelle il était interdit de passer à cheval ou la tête couverte.

Tour du Sauveur. Horloge

Le Kremlin de Moscou renferme toute une série de remarquables monuments d'architecture des XVe – XIXe siècles qui constituent deux grands ensembles s'articulant autour de deux places : la place des Cathédrales et la place Ivanovskaïa. La première, comme cela se voit d'après son nom, est formée par les cathédrales de l'Assomption, de l'Annonciation et de l'Archange-Saint-Michel qui la bordent, ainsi que par l'église de la Déposition-de-la-Robe-de-la-Vierge et par le palais à Facettes. Elle est contiguë à la place Ivanovskaïa qui s'étend à l'est du clocher Ivan-le-Grand, d'où son nom. Centre administratif du Kremlin, vers lequel les solliciteurs affluaient par milliers de tous les côtés de la Russie, c'est sur cette place que l'on donnait lecture des ordres du tsar. Pour couvrir le vacarme de la foule, les clercs étaient obligés de crier de toutes leurs forces, et c'est de là, semble-t-il, que vient l'expression russe « crier comme sur la place Ivanovskaïa » qui veux dire « crier à tue-tête ».

Coupoles des cathédrales du Kremlin

Feodor Alexeïev. ***La Place des Cathédrales au Kremlin de Moscou.*** **Début du XIXe siècle**

Au cours de six siècles, la cathédrale de l'Assomption a joué le rôle d'église principale de Russie. C'est ici que l'on investissait du pouvoir les princes et les hiérarques de l'Eglise orthodoxe, que l'on sacrait les tsars et les empereurs, que l'on donnait lecture des plus importants documents d'Etat, que l'on célébrait les offices divins les plus solennels.

La première cathédrale de l'Assomption, en pierre, bâtie par Ivan Kalita, le premier grand-prince de Moscou, a été consacrée en 1327. A la fin du XVe siècle, lorsque le grand-prince Ivan III décide de se faire construire à Kremlin la nouvelle résidence, il commence la réalisation de son dessein par la reconstruction de la cathédrale de l'Assomption. L'architecte bolonais Aristote Fioravanti que l'on invite à cette fin, se voit obligé de prendre pour modèle la célèbre cathédrale de l'Assomption de Vladimir (XIIe siècle).

La cathédrale de l'Assomption. 1475–1479
Architecte Aristote Fioravanti

Croix décorant une des façades
de la cathédrale de l'Assomption

Cathédrale de l'Assomption. Place de la tsarine.
XVIIe siècle. Reconstruite au XIXe siècle

Cathédrale de l'Assomption.
Place du tsar Ivan IV le Terrible. 1551

En cinq ans, de 1475 à 1479, Fioravanti crée un chef-d'œuvre d'importance mondiale. De plan cruciforme, couronnée de cinq puissantes coupoles, la cathédrale présente une construction traditionnelle de l'architecture russe ancienne. Quant à son agencement intérieur, il est marqué d'une certaine originalité. Ayant remplacé les piliers traditionnels de plan rectangulaire par des colonnes rondes, l'architecte a augmenté l'espace intérieur, le remplissant ainsi d'air et de lumière. Les murs et les colonnes sont recouverts de peintures disposées conformément à la tradition orthodoxe : les coupoles renferment des images de Dieu, la partie supérieure des murs est assignée aux sujets évangéliques, les deux rangées suivantes sont consacrées au cycle marial, les fresques en bas représentent les Sept conciles. L'iconostase (1653), l'une des plus riche du monde, présente un magnifique ensemble d'icônes des XIIe – XVIIe siècles.

Cathédrale de l'Assomption. Vue intérieure

Cathédrale de l'Assomption. ***Saint Georges*****. Icône. XII**[e] **siècle. Ecole de Novgorod**

Jusqu'à la fin du XVIIe siècle, la cathédrale de l'Assomption a servi de lieu d'inhumation des hiérarques de l'Eglise orthodoxe russe. Elle renferme dix-neuf tombeaux surmontés de dais ouvragés : les tombeaux des métropolites de Moscou se trouvent à gauche de l'entrée, ceux des patriarches à droite. Les reliques des saints Pierre, Philippe et Jonas, métropolites canonisés par l'Eglise orthodoxe, sont exposées à la vénération des fidèles.

Cathédrale de l'Assomption.
Dais au-dessus du tombeau du patriarche Hermogène. XVIIe **siècle**

La cathédrale de l'Annonciation. 1485–1489

Au sud-ouest de la place des Cathédrales se dresse la silhouette pyramidale de la cathédrale de l'Annonciation, coiffée de neuf coupoles dorées. Alors que la cathédrale de l'Assomption était l'église principale de Russie, celle de l'Annonciation, de dimensions plus modestes, a servi, dès son apparition, d'église palatine aux grands-princes de Moscou. C'est ici également que l'on gardait le trésor des souverains de Russie.

Cathédrale de l'Annonciation. Iconostase

Cathédrale de l'Annonciation
***Saints Constantin et Hélène*. Fresque du pilier su-ouest**

La consécration solennelle de la cathédrale de l'Annonciation a eu lieu en août 1489, mais son apparence actuelle ne s'est constituée que vers les années 1560. Les peintures murales, exécutées en 1508 par Feodossi, fils du célèbre peintre Dionissi, associent des sujets traditionnels au cycle apocalyptique, aux portraits d'empereurs byzantins ainsi qu'à *l'Arbre de Jessé* qui présente la généalogie du Christ. La magnifique iconostase du XVe siècle comprend des icônes dues aux plus grands peintres russes, dont Andreï Roublev et Prokhor de Gorodets. Non moins remarquable est le sol revêtu de jaspes polychromes des monts d'Oural.

Cathédrale de l'Annonciation.
***Saint Jean le Précurseur*. Icône. Par Théophane le Grec. 1405**

Cathédrale de l'Annonciation.
Iconostase de la chapelle de l'Archange-Saint-Gabriel

Le palais à Facettes. 1487–1591
Architectes Marco Ruffo, Pietro Antonio Solari

Le palais à Facettes qui borde la place des cathédrales du côté ouest, est le plus ancien des édifices civils qui se soient conservés à Moscou. Erigé aux années 1487–1491, sur ordre du grand-prince Ivan III, par les architectes italiens Marco Ruffo et Pietro Antonio Solari, il doit son nom à sa façade dont les pierres sont taillées à facettes, et s'inspire du palazzo di Diamanti de Ferrare. Très décoratif, l'édifice joue un rôle important dans la formation de la place des Cathédrales qu'il rend encore plus pittoresque. Le palais à Facettes compte une seule très vaste salle (sa superficie atteint 495 mètres carrés), de forme rectangulaire, dont les voûtes en croix sont supportées par un énorme pilier central. Utilisé comme salle de trône d'apparat, il faisait autrefois partie de l'ancien palais d'Ivan III qui ne nous est pas parvenu et avec lequel il communiquait par le Vestibule Sacré avec le Perron Rouge. Démonté aux années 1930, ce dernier a été reconstitué entre 1992 et 1994.

Palais à Facettes. Portail du mur ouest

Palais à Facettes. Vue intérieure ▸

Palais à Facettes. ***Les Premiers princes de la dynastie des Riourikovitch.*** **Peinture du mur est. 1882**

Chambre dorée de la tsarine. ***L'Entrée de sainte Dinara à Tébriz.*** **Peinture du mur nord. XVIIe siècle**

C'est dans cette salle que l'on donnait les réceptions les plus solennelles, que l'on célébrait les victoires des armées russes (y compris la prise de Kazan par Ivan le Terrible et la victoire de Poltava remportée par Pierre le Grand), qu'avaient lieu les assemblées des états provinciaux. Au XVIe siècle, les murs de la salle se voient décorés de fresques plus tard détruites par un incendie. En 1668, le célèbre peintre Simon Ouchakov renouvelle le décor peint du palais à Facettes, mais ses œuvres périssent elles aussi dans les flammes. Quant aux peintures que l'on voit aujourd'hui, elles ont été exécutées en 1881 par un groupe de peintres de Palekh d'après les sujets de la liste dressée par Ouchakov. Intégré, aux années 1838–1849, dans le complexe du Grand palais du Kremlin avec lequel il communique par le Vestibule Sacré, le palais à Facettes fait aujourd'hui partie de la Résidence du Président de la Fédération de Russie.

Chambre dorée de la tsarine
Peinture des voûtes. XVIIe siècle. Détail

La Chambre dorée de la tsarine
Vue intérieure

La cathédrale de l'Archange-Saint-Michel. 1505–1508
Architecte Alévise le Nouveau

La cathédrale de l'Archange-Saint-Michel a été bâtie aux années 1505–1508 par l'architecte italien Aloisio Lamberti da Montagnana, surnommé en Russie Alévise le Nouveau, à l'emplacement d'une ancienne église élevée en 1333, sur ordre d'Ivan Kalita, en l'honneur du patron céleste des grands-princes de Moscou. Son architecture associe ingénieusement la structure traditionnelle russe ancienne avec un système d'ordres caractéristique de l'art renaissant italien. Le décor somptueux de la cathédrale — portails sculptés, arcs des voûtes en forme de coquilles — forme un contraste heureux avec la sévérité des monuments qui l'entourent et lui confère un éclat exceptionnel.

Cathédrale de l'Archange-Saint-Michel.
***L'Archange saint Michel.* Icône. Premier tiers du XVᵉ siècle**

Cathédrale de l'Archange-Saint-Michel
Dais au-dessus du tombeau du tsarévitch Dimitri

Cathédrale de l'Archange-Saint-Michel
Sépultures des XIVe— XVIe siècles près du mur sud

Cathédrale de l'Archange-Saint-Michel
Vue intérieure

Cathédrale de l'Archange-Saint-Michel. Vases provenant des sépultures d'Ivan IV le Terrible, du tsarévitch Ivan Ivanovitch et du tsar Feodor Ioannovitch. XVIe siècle

La cathédrale de l'Archange-Saint-Michel qui a servi, jusqu'au XVIIIe siècle, de lieu d'inhumation des princes de Moscou et des tsars russes, renferme aujourd'hui quarante-sept tombeaux, y compris ceux du premier grand-prince de Moscou Ivan Kalita et du premier tsar russe Ivan IV le Terrible. Le décor peint de la cathédrale, exécuté sous le règne d'Ivan le Terrible, a été renouvelé aux années 1652–1666 par un groupe de peintres russes dirigés par Simon Ouchakov.

L'iconostase, créée aux années 1679–1681, se compose presque uniquement d'icônes exécutées par les artistes du palais des Armures. La plus ancienne icône de la cathédrale — celle de *l'Archange saint Michel* (1399), placée à droite de la porte sainte — aurait été peinte sur commande de la veuve du prince Dimitri Donskoï en l'honneur de la victoire remportée par les guerriers russes sur le champ de Koulikovo.

Au pied du clocher Ivan-le-Grand, une cloche gigantesque se dresse sur un piédestal de pierre. C'est la « Reine des cloches » (1733–1735), fondue par Ivan et Mikhaïl Matorine. La plus grande des cloches du monde, elle est haute de plus de 6 mètres et pèse plus de 200 tonnes. Non loin de là, on remarquera un autre chef-d'œuvre de fonderie russe : le « Roi des canons » (1586). Ce mortier de 5 mètres de long, pesant quelque 40 tonnes, est dû au fondeur russe Andreï Tchokhov.

Le Roi des canons. 1586
Par Andreï Tchokhov

La Reine des cloches. 1733–1735
Par Ivan et Mikhaïl Matorine

Coupoles des cathédrales du Kremlin ▸

L’un des bâtiments les plus pittoresques du Kremlin, le palais des Térems semble sorti des contes de fées. Richement décoré de motifs sculptés en pierre blanche, son style présente un mélange bigarré d’éléments d’arcitecture italienne, russe et orientale. Le rez-de-chaussée, la partie la plus ancienne du palais, bâtie en 1487, abritait initialement les ateliers du tsar. Surélevé plus tard de quatre étages, l’édifice sert de résidence privée aux tsars russes depuis le début du XVIIe siècle.

Le Palais des Térems. 1635–1636. Architectes Antip Konstantinov, Bajène Ogourtsov, Trefil Charoutine, Larion Ouchakov

Palais des Térems. Le térem Supérieur et la Tour de guet

Palais des Térems. La chambre à coucher

Palais des Térems
Passage au déambulatoire

Les appartements de la famille impériale occupaient les deux étages supérieurs — les *térems* proprement dits —, élevés aux années 1635–1636 par les architectes russes Bajène Ogourtsov, Antip Konstantinov, Trifon Charoutine et Larion Ouchakov.

Les salles du troisième étage — l'Avant-salle, la Salle à manger, la Salle du trône, la Chambre à coucher et l'Oratoire — gardent leur décor du XVIIe siècle qui frappe l'imagination par son opulence orientale. Dans la Salle du trône, la pièce la plus inaccessible de l'enfilade, le tsar tenait ses réunions secrètes concernant les affaires de la couronne.

Le quatrième étage, avec une petite tour de guet, était réservé au tsarévitch. C'est ici que le futur empereur Pierre le Grand, né au palais dans la nuit du 30 mai 1672, a passé son enfance.

Palais des Térems. Le Perron Doré
Clef pendante en forme de tête de lion

Palais des Térems. Emblèmes de la souveraineté du tsar Mikhaïl Feodorovoitch Romanov

Palais des Térems. La Salle du trône

Le palais du Patriarche et l'église des Douze-Apôtres. 1642–1655. Architectes Alexeï Korolkov, Ivan Semionov, Davyd Okhlebinine, Tarass Timofeïev, Antip Konstantinov

Le clocher Ivan le Grand érigé aux années 1505–1508 sur l'emplacement de l'ancienne église Saint-Jean-Climaque (1329), est l'œuvre de l'architecte italien connu en Russie sous le nom de Bono Friazine. En 1532, un autre architecte italien surnommé Petrok le Petit, rajoute au clocher un campanile achevé par les bâtisseurs russes vers 1551 et destiné à recevoir une cloche gigantesque.

En 1600, la famine sévit en Russie. Pour donner aux gens affamés la possibilité de gagner un peu d'argent, le tsar Boris Godounov entreprend la reconstruction du clocher qui atteint alors sa hauteur actuelle (82 mètres). On procède également à la dorure de ses coupoles. Plus tard, au XVIIe siècle, une annexe dite « aile de Philarète », rajoutée au clocher du côté nord, s'inscrit harmonieusement dans l'ensemble. De nos jours, le clocher Ivan le Grand et le campanile renferment vingt et une cloches.

Ensemble du clocher « Ivan le Grand ». 1505–1508, architecte Bono Friazine ; 1532–1543, architecte Petrok le Petit ; 1600–1624, architecte Bajène Ogourtsov

Palais du Patriarche. Vestibule d'honneur
Froc et bâtons du patriarche Nikon
Seconde moitié du XVIIe siècle

En 1653, le maître maçon Alexeï Korolkov érige au Kremlin, dans la résidence du patriarche, un palais et une église qui lui sont commandés par le patriarche Nikon. Le nouveau palais, initialement à deux étages, se voit exhaussé, vers la fin du XVIIe siècle, d'un étage qui reçoit le nom de « tente de Pierre » : d'après la légende, c'est ici que le jeune Pierre Ier s'est dérobé lors de l'émeute des Streltsy. Le palais du patriarche qui ne cédait en richesse et en splendeur à la résidence du tsar, comprenait une chapelle, les appartements du patriarche, des locaux de service et une salle de réceptions. Cette dernière qui porte le nom de salle de la Croix, mérite une mention particulière grâce à ses dimensions et à la construction originale de sa voûte s'appuyant uniquement sur les murs. Aujourd'hui, le palais du patriarche abrite un musée d'art appliqué russe du XVIIe siècle.

Palais du Patriarche. Salle de la Croix
Exposition du Musée des arts appliqués russes du XVIIe siècle

Palais du Patriarche
Appartements du patriarche Nikon

Le Grand palais du Kremlin. 1838–1850. Architecte Konstantin Thon

Le majestueux édifice du Grand palais du Kremlin dont la façade principale est orientée vers la Moskova, domine la colline Borovitski. Erigé aux années 1838–1849 d'après le projet de Konstantin Thon, il se dresse sur l'emplacement de l'ancien palais du XVIIIe siècle, brûlé en 1812. Le Grand palais présente un impressionnant complexe architectural qui réunit plusieurs bâtiments d'époques différentes. Son décor est marqué du style néo-russe, caractéristique de l'œuvre de Thon. Ainsi, les pilastres et les chambranles en pierre blanche ouvragée qui ornent ses façades, évoquent-ils l'architecture russe du XVIIe siècle. L'entrée d'honneur donne accès à un vaste vestibule entièrement revêtu de marbre et orné de colonnes en granit de Serdobol. Un magnifique escalier de granit mène au premier étage où l'on pénètre dans l'enfilade des salles d'apparat qui portent les noms des ordres russes.

Grand palais du Kremlin. La salle Saint-Georges

Grand palais du Kremlin. Salle Saint-André. Trône impérial

Grand palais du Kremlin. La salle Saint-André

Grand palais du Kremlin. La salle Saint-Vladimir

Grand palais du Kremlin. La salle Sainte-Catherine

La première salle de l'enfilade, la salle Saint-Georges qui doit son nom à la plus haute décoration de Russie, est consacrée à la gloire militaire russe. Décorée entièrement en blanc et or, ses murs sont recouverts de plaques de marbre qui portent, gravés en lettres d'or, les noms des régiments et des chevaliers titulaires de l'ordre de Saint Georges. Utilisée de nos jours pour l'organisation des cérémonies et des réceptions particulièrement solennelles, c'est dans cette salle également qu'a lieu l'inauguration du Président de la Fédération de Russie.

La salle Saint-André est baptisée en l'honneur de la première décoration russe instituée en 1699 par Pierre le Grand. Richement décorée de motifs moulés et dorés, de pierres dures et de glaces, la salle renferme le triple trône, fabriqué en 1896 pour le sacre de Nicolas II.

Grand palais du Kremlin. Salle Sainte-Catherine
Porte du Salon d'apparat

Grand palais du Kremlin. Salon Vert
Détail du décor

La salle Saint-Vladimir sert de maillon reliant entre elles différentes parties du Grand palais : de là, on peut accéder au palais à Facettes, au palais des Térems et à la salle Saint-Georges. De plan octogonal, éclairée par deux rangées de fenêtres superposées, elle est couverte d'une coupole percée d'un lanterneau.

Le décor de la salle Saint-Alexandre reproduit les couleurs de l'ordre : les murs revêtus de marbre rose sont ornés de dorures, la coupole et les arcs portent les aigles bicéphales et les emblèmes de l'ordre de Saint Alexandre en bas-relief.

Simplicité et majesté classique distinguent le décor de la salle Sainte-Catherine, ancienne salle du trône des impératrices russes. Les couleurs de l'ordre (panneaux de moire grise encadrés de rouge) se marient à merveille avec les pilastres vert diapré en malachite et les rideaux pourpres.

Grand palais du Kremlin. La salle Saint-Pierre

Grand palais du Kremlin. Le salon Vert

L'édifice du Sénat. 1776–1787. Architecte Mikhaïl Kazakov

Aux années 1776–1787, l'architecte Mikhaïl Kazakov construit au Kremlin, sur ordre de Catherine II, un édifice classique destiné à abriter le Sénat, les Archives d'Etat, le Trésor et l'Assemblée de la noblesse. La salle centrale de l'édifice — la salle Sainte-Catherine — s'inspire de l'œuvre d'Andrea Palladio, célèbre architecte de la Renaissance italienne. De forme ronde, elle est surmontée d'une immense coupole qui n'a pas d'analogues quant à ses qualités techniques. Pour en éprouver la solidité, Kazakov aurait passé plus d'une demi-heure au sommet de la coupole pendant que les ouvriers enlevaient les échafaudages.

Edifice du Sénat. La salle Sainte-Catherine

Edifice du Sénat. Bibliothèque du Président de Russie

Au XIXe siècle, la salle Sainte-Catherine se voit divisée par des cloisons de bois en plusieurs locaux. Plus tard, elle subit encore quelques reconstructions. En 1993, la décision est prise de rendre à l'édifice du Sénat son aspect primitif. Les travaux effectués d'après les technologies les plus modernes durent jusqu'en 1996. Aujourd'hui, les intérieurs classiques reconstitués d'après les dessins de Kazakov et équipés selon les techniques les plus nouvelles, font partie de la Résidence du Président de la Fédération de Russie. De style classique et sobre, le Cabinet du Président est orné de boiseries et de fines moulures dorées qui en recouvrent le plafond. Dans la Grande bibliothèque, située à côté, dans des armoires vitrées, typiques des intérieurs analogues de la fin du XVIIIe siècle, sont réunis des dictionnaires, des encyclopédies, des livres sur l'histoire de la Russie, tout ce qui est nécessaire pour le travail du chef de l'Etat et de son appareil.

Edifice du Sénat. Le Jardin d'hiver

Le plus ancien musée de Moscou, le palais des Armures tire son origine de l'armurerie fondée au Kremlin en 1511 par le grand-prince Vassili III. Destinée à la fabrication des armes de guerre et de parade, celle-ci se transforme bientôt en une espèce d'entrepôt spécial où l'on garde les présents officiels faits au tsar et au patriarche, des objets précieux provenant de provinces annexées, ainsi que les biens des princes et des boyards disgraciés. Converti en musée en 1806, le palais des Armures ouvre ses portes au grand public en 1813. Vers le milieu du XIXe siècle, ses collections s'accroissent à tel point qu'il est nécessaire de trouver de nouvelles surfaces pour les abriter. En 1851, sur ordre de l'empereur Nicolas Ier, l'architecte Konstantin Thon érige au Kremlin, non loin de la porte Borovitski, le nouveau palais des Armures. Edifice rectangulaire à deux étages, avec de vastes salles éclairées par deux rangées de fenêtres superposées, il fait écho au Grand palais du Kremlin.

Palais des Armures. Détail de l'exposition. Armement d'un preux russe ancien

Le palais des Armures. 1844–1851. Architecte Konstantin Thon

Palais des Armures
Double trône des tsars Ivan
et Pierre Alexeïevitch. 1682–1684
Ateliers du Kremlin de Moscou

De tous les chefs-d'œuvre d'arts appliqués russe et européen conservés au palais des Armures, les emblèmes de la souveraineté — couronnes, sceptres, globes — attirent surtout l'attention du public. La fameuse « toque de Monomaque », la plus ancienne des couronnes impériales, a été offerte au XIIIe siècle au grand-prince de Kiev Vladimir II par son grand-père, l'empereur byzantin Constantin Monomaque. Fabriquée de plaques d'or, parsemée de pierres précieuses, bordée de zibeline et surmontée d'une croix d'or, elle pèse 689 grammes. Le dernier sacre selon le rituel russe ancien a eu lieu à Moscou en 1682, lors de l'intronisation des frères Ivan et Pierre Alexeïevitch. Après Pierre le Grand, les empereurs et les impératrices russes se faisaient couronner à l'européenne. Plus de 2 500 pierres précieuses décorent la somptueuse couronne façonnée pour le sacre de l'impératrice Anna Ivanovna. La même couronne, quelque peu modifiée, a été utilisée lors du couronnement d'Elisabeth Ire. Quant à Catherine II, elle s'est fait faire une nouvelle couronne décorée de 58 gros et 5 000 petits diamants, d'un gros rubis et de 75 grosses perles par le joailler de la cour Jérémie Pauzier.

Palais des Armures
Double trône des tsars
Ivan et Pierre Alexeïevitch. Détail

Palais des Armures
Emblèmes de la souveraineté

Palais des Armures. Exposition d'armes et armures russes et européennes

Palais des Armures. Exposition du costume russe du XVIIIe – début du XXe siècle

Palais des Armures. Carrosse. Fin du XVIe siècle. Angleterre

Palais des Armures. Carrosse. Détail du décor

Le palais des Armures renferme un ensemble unique de vêtements d'apparat des XVIe – XIXe siècles, exécutés en tissus précieux, décorés de fines broderies et parsemés de pierreries. Non moins riche est la collection d'armes russes, européennes et orientales : armures de parade, sabres, casques, armes à feu. L'orfèvrerie russe des XIIe – XVIIe siècles est présentée par des vases sacrés et de la vaisselle en or et en argent, ainsi que par des icônes et des évangiles dans des revêtements ouvragés. On remarquera également tout un ensemble de carrosses et de harnachements de parade dus aux maîtres russes et européens.

Palais des Armures
Exposition d'argenterie européenne

Palais des Armures
Broche de diamants décorée d'un portrait en miniature de Pierre le Grand. Début du XVIIIe siècle

Palais des armures. Sabre. 1814
Par Nicolas Noël Boutet
France, Versailles

Palais des Armures
Œuf de Pâques *Tricentenaire de la dynastie des Romanov*. 1913
Par Henrik Emmanuel Wigström. Maison Carl Fabergé, Saint-Pétersbourg

Feodor Alexeïev. *La Place Rouge à Moscou*. 1801 ▸

LA PLACE ROUGE

La place Rouge qui s'étend à l'est du Kremlin, s'est formée au XVIe siècle sur l'emplacement d'un ancien marché. Place principale de la ville, c'est ici que les hérauts annonçaient les *oukases* du tsar et que le tsar lui-même s'adressait parfois à ses sujets ; c'est ici également que, les jours des grandes fêtes, avaient lieu les processions religieuses les plus solennelles. Après la révolution de 1917, une nécropole se forme près de la muraille du Kremlin, où l'on enterre des personnalités éminentes

Panorama de la place Rouge

du mouvement communiste. C'est ici qu'en 1924 on inhume le corps de Vladimir Lénine, transféré en 1930 dans un somptueux mausolée en granit rouge qui a mis le point final dans la formation de l'ensemble de la place Rouge. Depuis 1918, la place est utilisée pour l'organisation de manifestations et de revues militaires dont la célèbre parade de la Victoire de 1945, lorsque deux cents drapeaux nazis ont été jetés au pied du mausolée.

Place Rouge. Monument à Kozma Minine et Dimitri Pojarski. 1804–1818. Sculpteur Ivan Martos

Place Rouge. Cathédrale de l'Intercession-de-la-Vierge (basilique Saint-Basile-le-Bienheureux). 1555–1561. Architectes Barma et Postnik

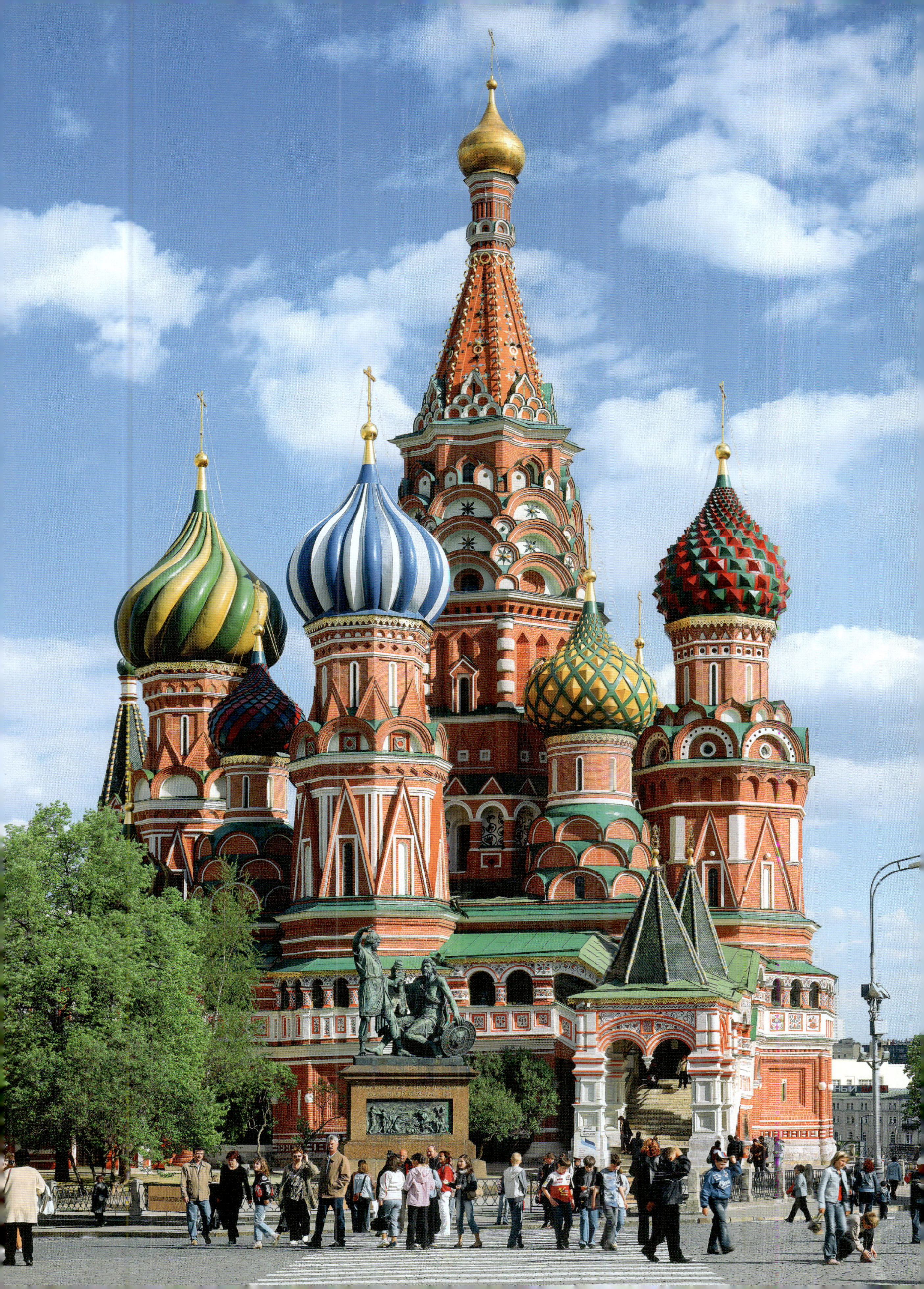

Basilique Saint-Basile-le-Bienheureux
Châsse avec les reliques de saint Basile le Bienheureux
Fin du XVIIe siècle

Ces dernières années, la place Rouge recouvre peu à peu son aspect historique qui a été fortement modifié à l'époque soviétique. La cathédrale Notre-Dame-de-Kazan et la chapelle Notre-Dame-de-Géorgie, démolies aux années 1930, ont été reconstituées , la cathédrale de l'Intercession-de-la Vierge restaurée.

Cette dernière, plus connue sous le nom de basilique Saint-Basile-le-Bienheureux, a été érigée sur l'ordre d'Ivan le Terrible par Barma et Postnik, entre 1551 et 1561, en souvenir des victoires remportées dans la guerre contre le khanat de Kazan. Elle présente un ensemble homogène formé de huit chapelles groupées autour d'un autel central consacré à l'Intercession de la Vierge, cette fête coïncidant avec le jour de la prise de Kazan, le 14 octobre 1552. Sa deuxième appellation, la cathédrale la doit à la dixième chapelle rajoutée en 1588. Richement décoré de motifs sculptés en pierre blanche, surmonté d'une dizaine de bulbes bariolés, l'édifice frappe par sa magnificence et sa beauté quelque peu insolite.

Plus d'une fois au cours de son histoire, la basilique Saint-Basile-le-Bienheureux faillit d'être détruite. Ainsi, Napoléon, en quittant Moscou en 1812, ordonna-t-il de la faire sauter de même que le Kremlin tout entier. Seule la pluie empêcha cet acte de barbarie. A l'époque soviétique, la cathédrale devait être démolie, mais cette décision a été brusquement annulée. De nos jours rendue à l'Eglise orthodoxe, la basilique est également un musée.

A côté de la cathédrale de l'Intercession-de-la-Vierge, un monument dû au sculpteur Ivan Martos, commémore l'exploit du prince Dimitri Pojarski et du citoyen Kozma Minine qui, en 1612, se sont mis à la tête des milices populaires pour libérer Moscou des occupants polonais.

Basilique Saint-Basile-le-Bienheureux
Galerie intérieure

Basilique Saint-Basile-le-Bienheureux
Saint Basile le Bienheureux. **Icône**

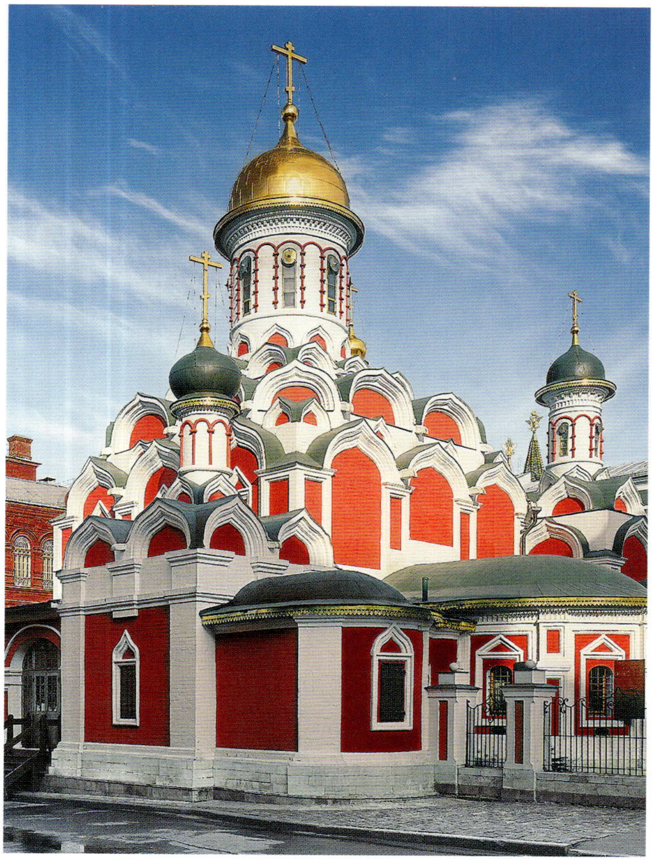

Au cours des quatre siècles de son existence, la place Rouge s'est parée d'une multitude de monuments d'architecture, qui, malgré toute leur différence stylistique, se sont harmonieusement intégrés dans la composition de la place, contribuant à son apparence insolite et pittoresque. La cathédrale Notre-Dame-de-Kazan est dédiée à l'icône miraculeuse de la Vierge de Kazan grâce à laquelle Moscou a été délivrée en 1612 des occupants polonais. Erigée entre 1620 et 1636 aux frais du prince Dimitri Pojarski, la cathédrale est devenue une sorte de monument aux guerriers russes. Démolie en 1936, elle a été reconstituée en 1993.

A l'est, la place Rouge est délimitée par le bâtiment des Galeries de commerce Supérieures, construit en 1894 d'après le projet de l'architecte Alexandre Pomerantsev et de l'ingénieur Vladimir Choukhov. Les constructions métalliques, le verre et le béton s'y associent harmonieusement aux formes caractéristiques de l'architecture russe ancienne.

Place Rouge. La cathédrale Notre-Dame-de-Kazan
Deuxième quart du XVIIe siècle. Reconstituée en 1993

Place Rouge. Le mausolée de Lénine. 1930
Architecte Alexeï Stchoussev

Place Rouge. La Galerie de commerce Supérieure. 1889–1893
Architecte Alexandre Pomerantsev, ingénieur Vladimir Choukhov

La porte Iverskié (de Géorgie), surmontée d'une chapelle dessus-de-porte consacrée à l'icône de la Vierge de Géorgie contribue elle aussi au pittoresque tout à fait particulier de la place Rouge. Construite en 1680, la porte a été démolie en 1931 pour n'être reconstituée qu'en 1995. Au nord, la perspective de la place Rouge est fermée par l'édifice majestueux du Musée historique conçu par Vladimir Chervoud dans le style russe ancien. D'après l'auteur du projet, son architecture devait incarner les idées de l'histoire nationale, aussi y voit-on des réminiscences d'autres monuments constituant l'ensemble de la place Rouge, notamment de la basilique de Basile-le-Bienheureux et des tours du Kremlin.

Place Rouge. Galerie de commerce Supérieure. Salle centrale

Le Musée historique. 1874–1883. Architecte Vladimir Chervoud

Malgré son caractère éclectique, l'édifice du Musée historique, avec son décor qui évoque des monuments d'architecture russe du XVIIe siècle, s'inscrit organiquement dans la composition de la place.

Devant la façade nord du Musée, qui donne sur la place du Manège, se dresse la statue équestre du maréchal Gueorgui Joukov qui y a été installée en 1995, à l'occasion du 50e anniversaire de l'achèvement victorieux de la Seconde guerre mondiale.

Monument du maréchal Gueorgui Joukov. 1995
Sculpteur Viatcheslav Klykov

La porte Iverskié. 1680. Reconstituée en 1995

Le Kremlin et la place Rouge vus depuis la place du Manège

Une large bande de verdure, parsemée de parterres de fleurs et ornée de sculptures, longe la muraille nord-ouest du Kremlin depuis le Manège jusqu'au quai de la Moskova. C'est le jardin Alexandre tracé aux années 1821–1823 d'après le projet de l'architecte Ossip Bovet. Sous ses allées ombragées appréciées des Moscovites coule la rivière Neglinnaïa canalisée au début du XIXe siècle. Une belle grille ouvragée sépare la partie supérieure du jardin de la rue Mokhovaïa et de la place du Manège. Ses poteaux en forme de faisceaux romains symbolisent la victoire sur l'armée napoléonienne remportée en 1812. En mai 1967, lors de la célébration du 22e anniversaire de la Victoire de 1945, un mémorial a été inauguré dans le jardin Alexandre : le Tombeau du Soldat inconnu avec la flamme du Souvenir.

Grille du jardin Alexandre. D'après le dessin de E. Pascal

Le Tombeau du soldat inconnu près de la muraille du Kremlin

La place du Manège ▸

ЦЕНТРАЛЬНЫЙ ВЫСТАВОЧНЫЙ ЗАЛ

СВѢТЪ ХРИСТОВЪ ПРОСВѢЩАЕТЪ ВСѢХЪ
Coca-Cola

Place du Manège. Centre de commerce *Okhotni Riad*
Vue intérieure

La place du Manège sous un éclairage nocturne

La place du Manège, contiguë à la place Rouge, est l'une des plus anciennes à Moscou. Son histoire remonte aux années 1485–1495, lorsque, pour préserver le Kremlin nouvellement reconstruit des incendies, toutes les bâtisses de bois des alentours ont été abattues. Elle doit son appellation actuelle à l'édifice du Manège érigé en son milieu en 1817 d'après le projet d'Augustin de Béthencourt et Molina. Conçu dans le style classique, il n'a pas d'analogues dans l'architecture du XIXe siècle grâce à son immense espace intérieur (7,5 mille mètres carrés) recouvert d'un toit qui repose, sans autre appui, sur des chevrons de bois, longs chacun de 45 mètres. Gravement endommagé par un incendie en 2005, le Manège vient d'être restauré dans son aspect initial.

Vassili Polenov. 1844–1927. *Petite cour moscovite*. 1878 ▸

LES VIEUX QUARTIERS

La structure actuelle de Moscou commence à se former aux XIIIe – XIVe siècles, lorsque le Kremlin se voit entouré du Grand faubourg, enceint plus tard de la deuxième ligne de fortifications connues sous le nom de Kitaï-gorod. Au fur et à mesure que la population de Moscou augmentait, la ville dépassait ses limites. C'est ainsi qu'ont apparu les artères circulaires de Moscou qui marquent l'emplacement des anciennes fortifications. Des voies radiales partant du Kremlin reliaient la ville aux différentes régions du pays. La route de la Horde allait au sud-est, celle de Vladimir, à l'est, la route de Dimitrov, au nord, celle de Tver, au nord-ouest, celle de Smolensk, à l'ouest. Ces rayons coïncident aujourd'hui avec les artères principales de la ville : les rues Ordynka, Varvarka (anciennement, route de Vladimir), la Petite et la Grande Dimitrovka, Tverskaïa, Arbat. En même temps, les limites de Moscou se voient marquées par des monastères qui, tout en demeurant des centres spirituels et religieux, servent aussi d'avant-postes défendant les abords de la ville.

Rue Varvarka. Au premier plan, église Saint-Georges-du-mont-Pskovskaïa. 1657–1658

Rue Varvarka. Bâtiment de l'ancienne Cour des Anglais. XVe – XVIIe siècles

L'un des ensembles les plus impressionnants de la capitale, la place du Théâtre date des années 1821–1824. Le projet en a été créé par Ossip Bovet qui dirige à l'époque la Commission du bâtiment. Instituée en 1813, celle-ci est chargée de la reconstruction de la ville brûlée en 1812, lors de l'invasion napoléonienne. C'est à Bovet que l'on doit le plan d'ensemble d'après lequel toute la partie centrale de Moscou a été reconstruite. Presque entièrement détruit par un incendie en 1853, l'édifice du théâtre conçu par Bovet se voit restauré en 1856 dans le style classique par Albert Cavos. Fondé en 1776, le Grand théâtre (ou le Bolchoï) est le théâtre lyrique le plus important du pays. Sa gloire a depuis longtemps franchi les frontières de la Russie. Des chanteurs et des danceurs de renommée mondiale, entre autres Feodor Chaliapine, Antonina Nejdanova, Sergueï Lemechev, Galina Oulanova, Maïa Plissetskaïa, Maris Liepa, se sont produits sur sa scene à des époques différentes.

La place du Théâtre est également bordée par l'édifice classique du Petit théâtre (Maly) et par celui de l'hôtel *Métropole* conçu dans le goût du *modern style*.

Le théâtre Bolchoï. 1825, architecte Ossip Bovet ; 1856, architecte Albert Cavos

La place du Théâtre et l'édifice de l'hôtel *Métropole*. 1899–1903. Architecte William Walcot

Place Tverskaïa. La Mairie de Moscou. 1945. Architectes D. Tchetchouline, M. Possokhine, A. Mndoïantz, d'après le projet de Mikhaïl Kazakov

La rue Tverskaïa qui part de la place du Manège, remonte à l'ancienne route de Tver qui s'est formée au XIVe siècle grâce au développement des relations économiques entre Moscou et les principautés nord-ouest, avant tout celles de Tver et de Novgorod. Rue de prestige au XVIIIe et XIXe siècle , elle se voit bâtie de riches hôtels particuliers, quoique l'aristocratie préfère les quartiers plus calmes.

Rebaptisée après la révolution d'Octobre 1917, la rue porte, jusqu'aux années 1990, le nom de l'écrivain Maxime Gorki. Entre 1930 et 1935, la rue Tverskaïa a presque totalement perdu son apparence historique à la suite d'une reconstruction totale du centre de la capitale, effectuée sous la direction de l'architecte Arkadi Mordvinov. Considérablement élargie grâce à la démolition de certains anciens bâtiments et au déplacement d'autres, elle se voit par la suite bordée de grands immeubles du style dit « empire stalinien ».

Non loin de son commencement, la rue Tverskaïa débouche sur la place du même nom au milieu de laquelle, en face de l'ancienne résidence du gouverneur général, qui abrite actuellement la Mairie de la capitale, se dresse la statue équestre du fondateur de Moscou, le prince Youri Dolgorouki (1954).

Place Tverskaïa. Monument du prince Youri Dolgorouki. 1954. Sculpteur Sergueï Orlov

ОСНОВАТЕЛЮ
МОСКВЫ
ЮРИЮ
ДОЛГОРУКОМУ
ПАМЯТНИК
СООРУЖЕН
В ОЗНАМЕНОВАНИЕ
800 ЛЕТИЯ
МОСКВЫ
1147-1947

Rue Tverskaïa. Ancien Club anglais. 1780 ; reconstruit après 1812
Architecte Adam Menelaws

Parmi les quelques monuments, peu nombreux d'ailleurs, des XVIIIe et XIXe siècles que l'on peut voir rue Tverskaïa, on remarquera un édifice de style empire russe, séparé du trottoir par une élégante grille flanquée de sculptures de lions. C'est l'ancien palais Razoumovski, bâti en 1780 et reconstruit après 1812 par l'architecte Adam Menelaws. Le très sélect Club anglais qu'il a abrité jusqu'en 1917, s'est vu remplacé en 1924 par le Musée de la révolution qui y existe toujours.

Large, imposante, la rue Tverskaïa est l'une des artères les plus animées de la capitale. Tous les rez-de-chaussées des immeubles qui la bordent sont occupés par les boutiques et les magasins les plus chics de la ville, dont le célèbre magasin « Elisseïevski » fondé à la fin du XIXe siècle par les frères Elisseïev.

Rue Tverskaïa. Magasin d'alimentation « Elisseïevski »
Vue intérieure

Rue Tverskaïa. Le magasin d'alimentation « Elisseïevski »

Rue Tverskaïa. Hôtel *National*. 1903
Architecte Alexandre Ivanov

La rue Tverskaïa la nuit

Bâtiment du Théâtre dramatique Maxime Gorki. 1902
ArchitecteFeodor Schechtel

Dans l'esprit des Moscovites, la rue Tverskaïa est inséparable du nom du grand poète Alexandre Pouchkine. C'est ici, chez les Gontcharov que s'est déroulée l'histoire romantique de l'amour du poète et de la belle Nathalie Gontcharov, évoquée aujourd'hui par une fontaine-rotonde installée non loin de la porte Nikitski.

La rue Tverskaïa aurait bien pu s'appeler « rue Théâtrale » . Effectivement, des milliers de Moscovites s'y rendent chaque soir pour se délecter d'un spectacle dans un des nombreux théâtres des alentours. Théâtre dramatique Maxime Gorki, théâtre Ermolova, théâtres de la Satire et de l'Opérette : telle est la liste, incomplète, des théâtres donnant sur la rue Tverskaïa et sur les places attenantes.

Les jours de fêtes, d'après une tradition ancienne récemment renouvelée, la rue Tverskaïa se transforme en zone piétonne et se remplit de milliers de promeneurs.

Boulevard Tverskoï
Fontaine-rotonde *Nathalie et Alexandre*. 1999
Sculpteur Mikhaïl Dronov, architectes Mikhaïl Belov et Mikhaïl Kharitonov

Rue Petite-Nikitskaïa. Hôtel particulier de Mikhaïl Riabouchinski. 1900. Architecte Feodor Schechtel

Rue Grande-Iakimanka. Hôtel particulier de Nikolaï Igoumnov. 1889–1893

Ligne brisée des façades, diversité temporelle et stylistique des bâtiments : tels sont les traits caractéristiques de la plupart des rues de Moscou. Le classicisme et le néogothique y voisinent avec le *modern style*, le constructivisme, l'« empire stalinien » des années 1930–1950 et parfois avec le style bigarré des monuments du XVIIe siècle.

La partie centrale de la ville est encerclée par la ligne double de deux artères circulaires — la Ceinture des Boulevards et la Ceinture des Jardins — qui relient entre elles les rues radiales partant du Kremlin. Elles ont été tracées sur l'emplacement d'anciennes fortifications dont les vestiges se font toujours voir sur le boulevard Gogol. Plantée de tilleuls séculaires, ornée de parterres de fleurs, la Ceinture des Boulevards attire les Moscovites par son atmosphère toute particulière. A la différence de celle-ci, la Ceinture des Jardins, malgré son appellation, n'est qu'une importante voie de communication et l'une des artères les plus animées de la ville.

Rue Grande-Nikitskaïa. Au premier plan,
bâtiment de l'Ecole des recherches politiques. XVIIIe siècle

Rue Arbat ▸

БАНК РОССИИ
Ашан

ТЕАТР
Лопе де Вега
СОБАК@
НА СЕНЕ
В главных ролях:
Елена ТАШАЕВА
Александр ЛОБАНОВ
Александр ГРАВЕ
Алена ФАЛАЛЕЕВА
Андрей ХАРЕНКО
WWW.VAHTANGOV.RU
Постановка
Юрия ШЛЫКОВА
Режиссер
Наталия САНЬКО
Хореограф
Олег НИКОЛАЕВ
Художественный руководитель театра
народный артист СССР
Михаил УЛЬЯНОВ

Rue Arbat. Club des Acteurs. Détail du décor de la façade

La rue Arbat tracée sur l'emplacement de la route de Smolensk, est l'une des rues les plus anciennes de Moscou. Habitée par l'aristocratie au XVIIIe siècle, elle se voit plus tard peuplée par des marchands notables. Au cours de son histoire, la rue est plus d'une fois ravagée par le feu. Aussi, aujourd'hui n'y peut-on voir que des immeubles du XIXe et du début du XXe siècle. Artère assez animée jusqu'aux années 1960, après la construction de l'avenue parallèle du Nouvel Arbat, la circulation y devient de moins en moins intense et vers les années 1980, l'Arbat est transformé en rue piétonne, la première à Moscou.

Rue Arbat. Sculpture-fontaine *la Princesse Turandot* devant l'entrée du théâtre dramatique Evgueni Vakhtangov. 1996. Sculpteur A. Bourganov

Rue Arbat. Club des Acteurs. 1913–1914
Architectes V. Doubrovski, N. Arkhipov

СБЕРБАНК РОССИИ
ЦЕНТРАЛЬНЫЙ
ДОМ
АКТЕРА

La Galerie Trétiakov. Façade principale. 1902–1904
D'après le projet de Victor Vasnetsov

Dans le quartier de Zamoskvoretchié (au-delà de la Moskova), dans la silencieuse ruelle Lavrouchinski se trouve le musée qui renferme la plus grande et la plus célèbre collection de peinture russe : c'est la Galerie Trétiakov fondée en 1874 par le commerçant Pavel Trétiakov. Après avoir légué sa collection, en 1892, à la ville de Moscou le mécène reste son conservateur à vie. L'édifice actuel du musée, dont la façade dans le style russe ancien est due au peintre Victor Vasnetsov, a réuni, aux années 1902–1904, tout un groupe de bâtiments qui avaient abrité les collections de Trétiakov à des époques différentes.

De nos jours, les fonds de la Galerie Trétiakov s'élèvent à plus de cent mille pièces. Le département de l'art russe ancien qui renferme de magnifiques icônes des XIIe – XVIIIe siècles, y compris des œuvres d'Andreï Roublev, Dionissi, Simon Ouchakov, fait la fierté du musée. Quelques-unes de ces images saintes viennent d'être transférées dans l'église Saint-Nicolas de Tolmatchi, qui fait partie du musée, où elles sont exposées à la vénération des fidèles.

Andreï Roublev. Vers 1360/1370 – années 1430. *La Trinité*. Icône. Années 1410

Alexandre Ivanov. 1806–1858. ***L'Apparition du Christ au peuple.*** **1837–1857**

Mikhaïl Vroubel. 1856–1910. ***Le Démon.*** **1890**

Vassili Perov. 1834–1882. ***La Troïka*****. 1866**

L'ensemble des peintures russes du XVIIIe – début du XXe siècle que renferme la Galerie Trétiakov est le plus riche du monde. Des toiles des plus grands peintres russes, entre autres Alexandre Ivanov, Alexeï Venetsianov, Ivan Aïvazovski, Ivan Chichkine, Vassili Perov, Vassili Sourikov, Ilia Repine, Mikhaïl Vroubel, Valentin Serov, ne manquent pas de susciter l'admiration des visiteurs. Quant aux œuvres créées après la révolution de 1917, elles sont exposées dans l'annexe de la Galerie, rue Krymski Val.

Valentin Serov. 1865–1911.
La Fillette aux pêches.
Portrait de Vera Mamontova**. 1887**

Capitale de la Fédération de Russie, Moscou est un centre important de l'orthodoxie russe. Plus de deux cents églises y sont actuellement ouvertes au culte, dont la cathédrale de l'Epiphanie à Elokhovo qui mérite une mention particulière. Construite à la charnière du XVIIIe et du XIXe siècle, elle doit sa célébrité au fait qu'en 1799, c'est ici qu'on a donné le baptême à Alexandre Pouchkine, le futur grand poète russe.

Eglise de l'Epiphanie dans le quartier d'Elokhovo. 1837–1845
Architecte Evgraf Tiourine

L'église Saint-Nicolas-de-Pyji
Fin du XVIIe siècle

Panorama de Moscou ▸

Cathédrale du Christ-Sauveur. Détail de la façade

La cathédrale du Christ-Sauveur qui se dresse au bord de la Moskova, a été conçue par l'empereur Alexandre Ier en signe de reconnaissance au Seigneur pour avoir délivré la Russie de l'invasion napoléonienne en 1812. Initialement, la cathédrale devait être construite sur les monts Vorobievy, mais la géologie du terrain a empêché la réalisation de ce projet. Après la mort de l'empereur, c'est son frère et successeur Nicolas Ier qui s'en est occupé, confiant la réalisation du projet à Konstantin Thon. Les travaux ont duré quarante-quatre ans au bout desquels, en 1883, on assista enfin à la consécration solennelle de la nouvelle cathédrale.

La cathédrale du Christ-Sauveur. D'après le projet de l'architecte Konstantin Thon. Reconstituée aux années 1990

La cathédrale du Christ-Sauveur vue du côté du pont du Patriarche

Cathédrale du Christ-Sauveur. Peinture murale. Détail

Cathédrale du Christ-Sauveur. Vue intérieure

Monument de Pierre le Grand. 1997.
Sculpteur Zourab Tsérétéli

De plan cruciforme, la cathédrale du Christ-Sauveur élevait ses cinq coupoles dorées à une hauteur de 103 mètres. La galerie qui entourait l'édifice au niveau du rez-de-chaussée, abritait le premier musée de la guerre de 1812 : ses murs étaient revêtues de plaques de marbre sur lesquelles étaient gravés en lettres d'or les noms des plus grandes batailles, les régiments qui s'y sont distingués ainsi que les noms des officiers tombés au champ d'honneur. Les façades de la cathédrale étaient ornées de hauts-reliefs de marbre sculptés par Alexandre Loganovski, Nikolaï Ramazanov et Piotr Klodt. Les meilleurs peintres de l'époque : Piotr Bassine, Heinrich Semiradski, Vassili Sourikov, ont passé vingt-trois ans à recouvrir ses murs de magnifiques peintures murales. Un dais ouvragé surmontait l'autel, remplaçant l'iconostase traditionnelle.

En 1931, la cathédrale du Christ-Sauveur a été dynamitée pour construire sur ce terrain déblayé l'édifice gigantesque du Palais des Soviets, mais la guerre qui commence en 1941 déjoue ces plans. En 1960, on finit par transformer la fouille creusée pour le palais en piscine à ciel ouvert. Le 5 décembre 1990, la pose de la première pierre de la chapelle dédiée à l'icône de la Vierge Régnante annonce la renaissance de la cathédrale du Christ-Sauveur dans son aspect initial. Les travaux commencent en 1994, et en 2000 la silhouette majestueuse de la cathédrale ressuscitée vient embellir les berges de la Moskova.

Principale artère fluviale de Moscou, la Moskova a toujours joué un rôle important dans la vie de la ville. La construction d'un système complexe d'écluses et du canal reliant la rivière avec la Volga Supérieure, effectuée à l'époque soviétique, transforme la Moskova en voie de communication de première importance.

La Moskova vue depuis
le belvédère de la cathédrale du Christ-Sauveur

Chapelle Notre-Dame-Régnante devant la cathédrale du Christ-Sauveur

Les quartiers qui longent les berges de la Moskova, aux alentours de la cathédrale du Christ-Sauveur, ont un charme particulier et nostalgique. Vieilles églises, hôtels particuliers, anciennes demeures seigneuriales gardent l'atmosphère incomparable de la vieille Moscou. Le boom du bâtiment, caractéristique de la charnière du XIXe et du XXe siècle, avec sa prédilection pour le *modern style*, y a aussi laissé son empreinte. La maison de rapport de l'ingénieur Piotr Pertsov, avec son décor dans le goût russe ancien conçu par le peintre Sergueï Malioutine, offre un bel échantillon du style. Aux années 1908–1912, dans le sous-sol de cet immeuble se trouvait le célèbre cabaret d'artistes *Chauve-souris*.

L'église de la Trinité, quai Bersenev. 1654

Ancien immeuble de rapport de Piotr Pertsov 1906–1910. Architecte Nikolaï Joukov, d'après les dessins de Sergueï Malioutine

L'idée de la création à Moscou d'un grand musée des beaux-arts remonte au XIXe siècle. C'est alors que la *douma* (municipalité) de la ville affecte à cette fin un terrain à proximité du Kremlin : le territoire d'une ancienne carrosserie. Un concours de projets du nouvel édifice est annoncé, auquel participent dix-neuf architectes. La médaille d'or est attribuée à Roman Klein qui se voit confier l'élaboration détaillée du projet et la direction des travaux de construction du nouveau musée des beaux-arts que l'on décide de baptiser du nom de l'empereur Alexandre III.

Musée des beaux-arts Pouchkine
Exposition de l'art romain

Le Musée des beaux-arts Pouchkine. 1898–1912
Architecte Roman Klein, sculpteur Georg Zaleman

Musée des beaux-arts Pouchkine. Cour italienne

Rembrandt. 1606–1669
***Portrait de vieille femme*. 1854**

Le 17 août 1898, l'empereur Nicolas II assiste à la cérémonie de la pose de la première pierre du futur musée. Les travaux étant achevés vers 1904, ce n'est cependant que le 31 mai 1912 que le musée ouvre ses portes aux premiers visiteurs. Un rôle inestimable dans sa création et l'élaboration de ses expositions revient au professeur Ivan Tsvetaïev qui en devient son premier directeur.

De style néoclassique, orné d'une colonnade ionique, l'édifice du musée fait penser à un temple antique. Le décor des salles évoque les époques auxquelles elles sont consacrées.

Musée des beaux-arts Pouchkine
Exposition de l'art de la Renaissance italienne

Paul Gauguin. 1848–1903. ***La Femme du roi*****. 1896**

Les fonds du Musée des beaux-arts ont pour base la collection du Cabinet des beaux-arts et des antiquités de l'Université de Moscou. Cet ensemble comprenait des moulages de statues antiques, des maquettes, ainsi que des copies de chefs-d'œuvre de l'art mondial illustrant les étapes principales de son évolution, depuis l'Antiquité jusqu'aux Temps nouveaux. Bientôt, d'autres collections font leur entrée, y compris l'ensemble d'antiquités égyptiennes acquis par l'Etat au célèbre égyptologue russe Vladimir Golenistchev et remis par la suite en don au musée. Les salles consacrées à l'art italien s'enrichissent de belles peintures et d'objets d'art des XIIIe –XVe siècles provenant de la collection de Mikhaïl Stchepkine. Aux années 1920–1930, les fonds du musée sont complétés par des œuvres d'art qui proviennent de domaines seigneuriaux nationalisés, ainsi que du Musée historique, de la Galerie Trétiakov et des musées du Kremlin. Une

Auguste Renoir. 1841–1919. ***Nu*****. 1876**

Vincent Van Gogh. 1853–1890. ***Les Vignes rouges d'Arles*****. 1888**

grande quantité d'œuvres entrent en provenance du Musée de l'Ermitage et du Fonds des musées de Leningrad. Aux années 1940, on transmet au musée une grande partie du fonds du Musée de l'art occidental moderne, formé sur la base des collections de la nouvelle peinture européenne, rassemblées au début du XXe siècle par deux mécènes russes, Sergueï Stchoukine et Ivan Morozov. C'est ainsi que se constitue le remarquable ensemble de peintures françaises de la fin du XIXe et du début du XXe siècle, l'un des plus riches en dehors de la France. De nos jours, les fonds du Musée des beaux-arts Pouchkine (c'est ainsi qu'il s'appelle depuis 1932) comptent plus de deux millions peintures, dessins et objets d'art. Des toiles de Rembrandt, Rubens, Van Dyck, Poussin, de peintres impressionnistes et post-impressionnistes français — Monet, Renoir, Gauguin, Van Gogh, Picasso, Matisse — et d'autres remarquables artistes font la gloire de ses collections.

En 1985, un musée de collections privées organisé au sein du Musée des beaux-arts sur l'initiative de l'historien d'art et collectionneur Ilia Silberstein, s'ouvre dans l'une des ailes de l'ancien domaine des princes Galitsyne. Ses expositions présentent au public des œuvres d'art qui font partie de collections particulières.

Boulevard Tsvetnoï. Fontaine devant le Cirque de Moscou

Le Cirque de Moscou est l'un des plus anciens en Russie. L'édifice qu'il occupe a été construit en 1880 pour le cirque d'Albert Salamonski, devenu, après la révolution de 1917, le premier cirque d'Etat. La gloire du cirque de Moscou a depuis longtemps dépassé les frontières de la Russie, et cela grâce avant tout à ses remarquables clowns : Oleg Popov, Leonid Enguibarov et, bien sûr, Youri Nikouline qui l'a dirigé bien des années.

Boulevard Tsvetnoï. Statue du clown Youri Nikouline. 2000
Sculpteur Alexandre Roukavichnikov

Le Cirque de Moscou. 1880 ; reconstruit aux années 1980

Les monastères fortifiés que l'on érigeait aux abords de la ville pour la défendre contre les invasions ennemies, occupent aujourd'hui une place particulière dans l'apparence architecturale et historique de Moscou. Tel est par exemple le couvent Notre-Dame-de-Smolensk, mieux connu sous le nom de Nouveau couvent des Vierges, qui protégeait la ville du côté sud-ouest. Il a été fondé en 1524 par le grand-prince Vassili III, en mémoire de la reconquête de la ville russe de Smolensk qui, au début du XVe siècle, avait été annexée par le grand-duché de Lituanie.

LES MONASTÈRES

Le Nouveau couvent des Vierges. Fondé en 1524

Ce sont pourtant les guerriers professionnels, et non les religieuses, qui assuraient la défense du couvent et qui, en 1591, ont repoussé l'incursion du khan de Crimée. Plus d'une fois le couvent devient le théâtre d'événements dramatiques. En 1598, après la mort du tsar Feodor Ioannovitch, sa veuve Irina y prend le voile. Son frère, Boris Godounov, la rejoint au couvent et c'est ici qu'il est bientôt élu tsar. En 1689, c'est également ici que Pierre le Grand fait cloîtrer sa sœur disgraciée, la tsarevna Sofia, ainsi que, plus tard, sa première épouse, Eudoxie Lopoukhina.

Nouveau couvent des Vierges. Au premier plan, église de la Dormition-de-la-Vierge avec le réfectoire (1685–1687)

L'ensemble du Nouveau couvent des Vierges comprend six églises, dont la principale est dédiée à l'icône de la Vierge de Smolensk. L'origine de cette image sainte, l'une des plus vénérées en Russie, est liée au nom de saint Luc qui aurait peint la Mère de Dieu de son vivant. A l'intérieur de la cathédrale Notre-Dame-de-Smolensk, on remarquera de très belles peintures murales (XVIe – XVIIe siècles) et une iconostase ouvragée du XVIIe siècle. Non moins remarquables sont le clocher de cinq étages dédié à l'Intercession-de-la-Vierge (1688) et l'église dessus-de-porte de la Transfiguration qui présente un bel échantillon du baroque russe. La muraille crénelée flanquée de douze tours en briques, décorées de pierre blanche sculptée, qui entoure le couvent, lui attribue un pittoresque particulier.

Nouveau couvent des Vierges
La cathédrale Notre-Dame-de-Smolensk. 1524–1525
Architecte Alévise Friazine

ОРДЖОНИКИДЗЕ
улица
МежБизнесБанк
VOLVO
HONDA

Monastère Donskoï. La cathédrale Notre-Dame-du-Don. 1684–1698

Les abords sud de la ville étaient protégés par le monastère Donskoï. Fondé en 1591 par le tsar Feodor Ioannovitch, il est consacré à l'icône de la Vierge du Don dont l'intercession miraculeuse a contribué à la délivrance de Moscou de l'invasion du khan Kazy-Guireï. Fermé au culte à l'époque soviétique, le monastère a été rendu à l'Eglise orthodoxe russe en 1990, et la vie monastique y reprend peu à peu.

Le monastère Donskoï. Fondé en 1591. Clocher au-dessus de la porte ouest. 1730–1732, architecte Domenico Trezzini ; 1742–1755, architectes A. Evlachev, Dimitri Oukhtomski

Monument d'Andreï Roublev devant la porte d'entrée du monastère du Sauveur-Saint-Andronic Sculpteur Oleg Komov

Le monastère du Sauveur-Saint-Andronic est le dernier dans la chaîne de monastères fortifiés qui défendaient les limites sud de Moscou. Fondé en 1359 en mémoire du salut miraculeux du métropolite Alexis dont le bateau faillit faire naufrage dans la mer Noire, sur la voie de Constantinople, il se dresse au bord de la rivière Yaousa et porte le nom de son premier supérieur, disciple de saint Serge de Radonège. L'ensemble du monastère est dominé par la cathédrale du Sauveur en pierre blanche. L'un des monuments les plus anciens de Moscou situés en dehors du Kremlin, elle date des années 1425–1427. Les contemporains admiraient la beauté de la cathédrale et surtout ses peintures murales créées par les célèbres peintres Andreï Roublev et Daniil Tchiorny. Malheureusement, ces fresques ne nous sont parvenues que par fragments. Il est à noter que c'est dans l'architecture de cette cathédrale que se sont pour la première fois révélés les traits caractéristiques du style dit de Moscou. Parmi d'autres monuments de l'ensemble, on remarquera l'édifice massif du Réfectoire (1504), dont les formes laconiques font penser aux palais de boyards que l'on édifiait à Moscou à la charnière du XVe et du XVIe siècle. L'église de l'Archange-Saint-Michel (1694) qui lui est contiguë a servi de sépulture aux boyards Lopoukhine, parents de la première épouse de Pierre le Grand. De nos jours, le monastère du Sauveur-Saint-Andronic abrite le Musée d'art russe ancien qui porte le nom d'Andreï Roublev, célèbre peintre d'icônes qui a passé au monastère les dernières années de sa vie et qui y a été inhumé.

Monastère du Sauveur-Saint-Andronic
La cathédrale du Sauveur. 1410–1427

Des domaines seigneuriaux et quelques résidences impériales entouraient autrefois Moscou. Entrés avec le temps dans l'enceinte de la ville, certains de ces ensembles — Ostankino, Arkhangueskoïe, Kouskovo — sont aujourd'hui transformés en musées. Le village de Kolomenskoïe occupe une place de choix parmi ces monuments. Propriété des grands-princes de Moscou depuis le XIVe siècle, c'est ici qu'en 1682, la tsarine Natalia Kirillovna se dérobe, avec les tsarévitchs Pierre et Ioann, aux Streltsy insurgés. En 1709, c'est à partir de Kolomenskoïe que Pierre le

N. Podklioutchnikov. *Vue d'Ostankino*. 1856

Grand commence son entrée triomphale à Moscou après avoir gagné la bataille de Poltava. C'est ici également qu'un peu plus tard naît sa fille, la future impératrice Elisabeth.

L'église de l'Ascension, érigée par Vassili III à l'occasion de la naissance de son fils, le futur tsar Ivan le Terrible, est un chef-d'œuvre classé de l'architecture russe du XVIe siècle. Dressée sur la berge abrupte de la Moskova, elle offre une vue splendide sur les prés et les forêts environnants.

Kolomenskoïe. L'église de l'Ascension. 1532

Svelte, élancée, décorée de fins pilastres, l'église de l'Ascension, de plan cruciforme, est surmontée d'un haut toit pyramidal à huit pans. Une galerie couverte, soutenue par une arcade, entoure le socle de l'église. On peut y voir un trône de pierre duquel, d'après une légende, les souverains de Moscou aimaient observer la chasse au faucon.

L'ensemble de Kolomenskoïe comprend également l'église-clocher Saint-Georges, l'église Notre-Dame-de-Kazan et le Château d'eau. Le Musée d'architecture russe ancienne ouvert sur le territoire du domaine en 1959, présente en outre de nombreux monuments en bois transférés ici de différentes régions du pays.

Kolomenskoïe. La Cour du tsar. Maisonnette de Pierre le Grand. 1702. Transférée d'Arkhangelsk

Kolomenskoïe. L'église Notre-Dame-de-Kazan. 1649–1650

Tsaritsyno. La Maison du Pain et la Galerie 1784–1785. Architecte Vassili Bajenov

Le domaine de Tsaritsyno, situé dans la partie sud-est de Moscou, appartenait à la fin du XVIe siècle à la tsarine Irina, sœur de Boris Godounov, et portait alors le nom de Bogorodskoïe. Plus tard, Pierre le Grand en fait don au prince moldave Dimitri Kantemir. En 1775, ces terres sont rachetées par Catherine II qui y envisage la construction d'une résidence conçue comme un monument original à la victoire remportée par la Russie dans la guerre russo-turque des années 1768–1774. L'impératrice en confie le projet au célèbre architecte russe, membre de trois académies européennes, Vassili Bajenov, en lui proposant d'ériger un palais avec des dépendances, tous de style néogothique alors en vogue, entourés d'un beau parc romantique.

Tsaritsyno. Le pont Ouvragé. 1776–1778 Architecte Vassili Bajenov

Tsaritsyno. La porte Ouvragée. 1777–1778
Architecte Vassili Bajenov

La construction du « Versailles moscovite » commence en 1776. En 1785, le palais, l'Opéra, les bâtiments des Chevaliers, les ponts, le portail et la soi-disant Maison du Pain — le plus grand bâtiment de l'ensemble, destiné à abriter les cuisines, confiseries, caves, glacières et chambres de domestiques — sont achevés et prêts à être soumis à l'approbation de l'impératrice. Celle-ci reste cependant mécontente du palais construit par Bajenov et ordonne de le démolir. Le nouveau palais que l'on érige sur son emplacement aux années 1786–1793, d'après le projet de Mikhaïl Kazakov, ne sera jamais achevé. A la fin des années 1970, des travaux de restauration ont commencé à Tsaritsyno, visant à rendre à l'ensemble son aspect initial conçu par Bajenov.

Le Grand pont. 1778, 1784–1785
Architecte Vassili Bajenov

Ostankino. Le palais. 1792–1798. Architectes Francesco Camporesi, Pavel Argounov et autres

La vie paisible à l'écart de l'agitation de la capitale attirait de nombreux aristocrates russes qui se faisaient bâtir, dans les environs de Moscou, de somptueuses demeures seigneuriales. Aux années 1790, le célèbre mécène, le comte Nikolaï Cheremetev commence, dans son domaine d'Ostankino, la construction d'un palais-théâtre. L'édifice de style classique semble construit en pierre, bien qu'en réalité il soit bâti en rondins dressés. De nombreux architectes russes et étrangers prennent part à sa création, mais ce sont les artistes serfs du comte, dirigés par l'architecte Pavel Argounov, serf lui aussi, qui doivent être considérés comme les vrais auteurs de ce remarquable ouvrage. Les intérieurs somptueux qu'ils ont créés continuent toujours à susciter l'admiration des visiteurs du palais d'Ostankino qui abrite aujourd'hui le Musée des arts appliqués russes des XVIIIe –XIXe siècles.

Ostankino. Galerie de passage menant au pavillon Italien. Détail

КИЕ

ВОКЗАЛ

L'Université de Moscou sur les monts Vorobievy. 1949–1953
Architectes Lev Roudniev, Pavel Abrossimov, Alexandre Khriakov

Après la révolution de 1917, des changements profonds s'opèrent dans l'apparence patriarcale de Moscou. Aux années 1920–1930, on y érige toute une série de bâtiments dans le style constructiviste alors en vogue, dont le Planétarium, l'édifice du journal « Izvestia » et quelques autres. Vers le milieu des années 1930, un autre courant, plus traditionnel, prend le dessus en l'architecture de Moscou ce qui ne manque pas d'influencer son apparence. La capitale gagne en solennité et magnificence, mais en même temps de nombreux édifices anciens, indépendamment de leur valeur artistique ou historique, sont sacrifiés aux nouveaux projets grandioses. En 1947, l'année du 800e anniversaire de la ville, on approuve le plan de l'édification de sept gratte-ciel. Construits au cours des dix années qui suivent, les édifices de l'Université, du Ministère des affaires étrangères, du Ministère des voies de communication, de l'hôtel *Ukraine*, ainsi que trois immeubles d'habitation ont formé une sorte d'ensemble inséparable de la silhouette actuelle de la ville.

Hôtel *Ukraine*. 1956.
Architectes Arkadi Mordvinov et autres

Station de métro *Place de la Révolution*. 1938
Architecte A. Douchkine

La première en Russie ligne de métro, mise en exploitation à Moscou en 1935, vient de célébrer son 70e anniversiare. Les stations *Kourskaïa, Komsomolskaïa, Place de la Révolution*, sur les projets desquelles ont travaillé, aux années 1930–1950, les architectes les plus en vue, sont aujourd'hui classées monuments d'architecture. « Palais souterrains de Moscou » : cette appellation peut à bon droit être appliquée à ces ouvrages d'une splendeur vraiment fabuleuse. Marbres divers, granit, pierres dures, bronze, verres de couleurs, mosaïques ont été utilisés à profusion dans leur décor. Les meilleurs artistes du pays ont décoré les stations et les vestibules du métro de peintures, sculptures, vitraux polychromes. De nos jours le métro de Moscou compte 170 stations regroupées en 12 lignes d'une longueur totale de 275 kilomètres.

Station de métro *Place de la Révolution*
Détail du décor

Station de métro *Komsomolskaïa-radiale*
Panneau de majolique *les Bâtisseurs du métro*. 1935
Par Evgueni Lanceray

Station de métro *Komsomolskaïa-circulaire*. 1952
Architecte Alexeï Stchoussev et autres

Moscou est riche en parcs et jardins, dans lesquels les Moscovites aiment se reposer. Le Centre d'expositions occupe parmi ces espaces verts une place particulière. Ici, dans la verdure d'un parc immense qui s'étend sur plus de 200 hectares, se dressent 82 pavillons destinés à l'organisation d'expositions et de foires, dont la superficie totale atteint 200 000 mètres carrés. Le projet initial de cette cité-exposition a été élaboré en 1937 par l'architecte Oltarjevski qui a pris pour modèle la composition de la Première exposition agricole, industrielle et artisanale de 1923. Aux années 1939–1941, ce terrain est occupé par l'Exposition agricole de l'Union Soviétique, transformée, en 1959, en Exposition des réalisations de l'économie. L'ensemble architectural, à la construction duquel ont pris part les architectes les plus en vue du pays, s'articule autour du pavillon central érigé en 1954 par Vladimir Stchouko. Sur l'esplanade qui précède l'une des entrées du complexe se dresse *l'Ouvrier et la kolkhosienne*, groupe sculpté par Vera Moukhina en 1939.

Centre d'expositions. Fontaine *Amitié entre les peuples*. 1953
Architecte Konstantin Topouridzé, sculpteur Dimitri Konstantinovski

Le Centre d'expositions

Христос Воскресе
Вечная память погибшим
в Великой Отечественной войне
1941-1945 г.

Place de la Victoire. L'Arc de triomphe
D'après le projet d'Ossip Bovet
Reconstitué en 1966

Le Mémorial de la Victoire sur le mont Poklonnaïa, inauguré en 1995 à l'occasion du cinquantenaire de l'achèvement victorieux de la Seconde guerre mondiale, sert d'une sorte de complément à l'ensemble des monuments consacrés à la Guerre Patriotique de 1812 qui y existe depuis 1960. Tous ses éléments — l'allée *Années de la guerre*, la place des Vainqueurs, l'Obélisque de la Victoire — glorifient, sous une forme symbolique, la Victoire de 1945. Le complexe comprend également un musée consacré à la guerre de 1941–1945, ainsi que trois temples de différentes confessions : une église orthodoxe dédiée à saint Georges, une mosquée et une synagogue.

Mémorial de la Victoire. Eglise Saint-Georges
1993–1995. Architecte A. Polianski

Le Mémorial de la Victoire dans la guerre Patriotique de 1941–1945. 1983–1995
Architectes A. Polianski, V. Boudaïev, L. Vavakine, sculpteur Zourab Tsérétéli

Pont devant la gare de Kiev. 2002
Architecte Youri Platonov

Centre de commerce *Nautilus*,
rue Nikolskaïa. 2004

La Tour 2000 et le pont piéton Bagration. 2000. Architecte Youri Platonov

La Laure de la Trinité-Saint-Serge, lieu sacré de l'Eglise orthodoxe russe, est située au nord-est de Moscou, à quelque 60 kilomètres. Fondé par saint Serge de Radonège, le monastère porte son nom. Fils d'un boyard de Rostov, Serge, après la mort de ses parents, se retire avec son frère dans une cabane forestière, non loin de la petite bourgade de Radonège. Une petite communauté de moines s'y forme bientôt et, vers 1340, la première église en bois y apparaît, consacrée à la Sainte-Trinité. C'est de cette époque également que date la règle de la commu-

LA LAURE DE LA TRINITÉ-SAINT-SERGE

La Laure de la Trinité-Saint-Serge. Fondée en 1337

nauté dont Serge est élu supérieur. Grâce à l'autorité et à la haute spiritualité de ce dernier, le monastère de la Trinité devient bientôt le centre spirituel de Russie. C'est ici qu'en 1380, le prince Dimitri Donskoï reçoit la bénédiction du saint pour la bataille de Koulikovo qui marque un tournant dans la libération de la Russie du joug mongol. Fermée par les bolcheviks en 1920, puis rendue à l'Eglise orthodoxe en 1947, la Laure de la Trinité-Saint-Serge est aujourd'hui le plus important monastère de Russie.

Le Réfectoire avec l'église Saint-Serge-de-Radonège. 1686–1692

Formé au cours des XVe –XIXe siècles, l'ensemble de la Laure de la Trinité-Saint-Serge comprend un grand nombre de remarquables monuments. La cathédrale de la Trinité (1422–1423) en est le plus ancien. Erigée sur l'emplacement de la première église en bois bâtie par Serge de Radonège, elle renferme aujourd'hui la châsse avec les reliques du saint. L'église de la Descente-du-Saint-Esprit, la cathédrale de la Dormition, le Réfectoire avec l'église Saint-Serge-de-Radonège et autres monuments qui se dressent tout autour, sont dominés par un magnifique clocher de cinq étages qui relie la composition du monastère en un tout harmonieux.

Eglise dessus-de-porte Saint-Jean-le-Précurseur
Vue intérieure

La cathédrale de la Dormition. 1559–1585
Chapelle au-dessus du puits miraculeux
Fin du XVIIe siècle

Альбом

МОСКВА

(на французском языке)

Издательство «Яркий город»
197101, Санкт-Петербург, Каменноостровский пр., д.15
тел./факс: (812)336-25-27, 336-25-28
www.yagorod.ru

Отпечатано в ООО «Первый издательско-
полиграфический холдинг»
194044, С.-Петербург, Б. Сампсониевский пр., д. 60
Тираж 1000 экз. Заказ № 1726